JN411523

기쁜 비밀

부부사랑 시집

기쁜 비밀

부부사랑 시집

그 사랑이 깊어가면 갈수록
나의 뼛골과 골육 속에
당신의 모든 것이 박힌다는 것에
놀라움을 금치 못한다는 것을 아시나요.
깊이깊이 박히는
당신을 향한 나의 그리움은
갈수록 높고 깊어간다는 것을 믿어주세요.
사랑이 깊어가고 있음을 알아주세요.
편안한 쉼터가 되고
오수를 즐기고 싶을 때는
언제든지 찾아와서 쉬셔요.

「뼛골에 박히는 사랑」 중에서

윤송석 지음

생각나눔

시인의 말

본서는 전작 실화소설『슬픈 비밀』의 후속작품입니다.

필자가 이 책을 주목하는 이유는『슬픈 비밀』의 여주인공 '선녀'의 고백이 삼삼하게 뇌리를 어른거리기 때문입니다.

하나님이 선녀에게 노흠을 소개하실 즈음, 하나님과 선녀가 주고받은 사랑의 농도에 관한 이야기는 아무래도 이색적이고 아직도 풀지 못한 수수께끼입니다.

선녀는 참다운 남자를 만나게 해 달라고 매일 매일 기도했더래요.

보통 부모와 자식이 대화하듯 선녀는 그렇게 하나님과 살았더래요.

어느 날 하나님이 말씀하시기를, "정, 그렇다면 5퍼센트만 사랑하도록 하라."는 제안을 하시더라는 것입니다.

"아버지! 어떻게 남녀가 사랑하는데 5퍼센트 가지고 사랑할 수 있어요?"

너무 기가 막힌 하나님의 제안에 선녀는 불만을 토로합니다.

"야, 내가 3퍼센트 사랑을 주려다가 5퍼센트 사랑을 할 수 있도록 특별히 배려한 거야."

"생각해 보셔요, 아버지! 아무리 하나님의 사랑이라 해도 어떻게 5퍼센트 가지고 진정한 사랑을 할 수가 있어요. 음, 그럼 10퍼센트 사랑을 할 수 있게 해주세요."

"알았다. 내가 10퍼센트 사랑을 허락하마. 네가 10퍼센트의 사랑을 하면 상대는 너를 100퍼센트 사랑할 것이야!"

수차례 실랑이를 벌인 끝에, 결국 선녀는 하나님의 10퍼센트 사랑으로 한 남자를 사랑할 수 있게 되었던 것입니다.

선녀가 10퍼센트의 사랑을 하면 상대 남자는 선녀를 100퍼센트 사랑할 것이라는 하나님 말씀은 참으로 뜻밖의 말씀입니다.

그러나 선녀가 노흠과 사랑행위를 통해서 체험한 내용을 살펴보면, '세상에 이런 사랑이 또 있을까?' 할 만큼 경탄스럽습니다.

그것은 전능하신 하나님이 그들의 사랑을 주도하시기 때문에 가능한 것이겠지만, 이제껏 어느 문학작품에서도 보지 못한 탄복할 만한 사랑행위임은 틀림없습니다.

그토록 어마어마한 사랑을 선녀가 10퍼센트의 사랑으로 빚어낸 것이라면, 본연의 부부가 하나님의 100퍼센트 사랑으로 사랑행위를 한다면 과연 어떤 사랑이 전개될 것인지는 정말 상상 불가입니다.

하나님이 허락하신, 고작 10퍼센트의 사랑으로도 경천동지할 황홀경을 노래했는데, 그보다 10배, 즉 하나님이 동참하여 역사하시는 100퍼센트 사랑을 누리는 부부 사랑의 성적 행복지수, 성적 만족도는 엄청나고 대단하리라는 추측은 충분히 가능한 이야기입니다.

본서에 수록된 선녀의 거침없는 사랑행위에 관한 체험담은 거듭 말씀드리거니와, 하나님의 10퍼센트 사랑으로 창조해낸 것으로 해석함이 옳을 듯합니다.

부디, 독자 여러분은 하나님의 10퍼센트 사랑에 상상의 날개를 활짝 펼치고 하나님의 100퍼센트 사랑을 즐거운 심정으로 예감하시기를 바라는 바입니다.

|목 차|

1부 나는 행복합니다

2부

고백합니다

3부

사랑의 메아리

4부

기쁨이 넘치나이다

1부

나는 행복합니다

사랑의 풀장

내 가슴속엔
당신을 위한 풀장이 있어요.
얼마나 크고 깊은지 아세요.
한들한들 춤추는 해초 위에
은빛 물고기가 노닐고 있어요.

널따란 풀에선
고래가 점핑도 하고
태풍이 불거나
아무리 파도가 높더라도
변함없는 큰 풀장이에요.

당신이 다이빙하시면
밑창이 닿지 않도록
물을 가득 채워 드릴게요.
내 가슴속의 넓고 깊은 풀에서
마음껏 즐기세요, 안심하고….

사랑하신 탓에

당신은 보석처럼 나를 사랑하십니다.
나를 사랑하신 탓에 당신은
심히 괴로워 눈물을 쏟으십니다.
하늘에서 굽어보듯 내 마음 깊은 곳까지
속속들이 아는 당신의 고통이 얼마나 심란할지
철부지한 나로서는 짐작도 할 수 없었습니다.
제발 쓰러지지 말라고
권고하시는 음성을 들으면서
용기를 내기도 했지만
당신께 태산 같은 신세를 지고 있는 나를
당신은 오늘도 유난히 사랑하십니다.

애절한 호소

어느 날 나는 번갯불 같은
당신의 영롱한 계획을 듣고
하늘을 우러러 감사의 기도를 했습니다.
철없는 내 어깨를 토닥이며 같이 가자고 하시니
고마운 마음 무지개처럼 내 영혼을 감싸고 있었습니다.
어찌할 수 없는 운명이라고
피할 수 없는 숙명이라고
용기를 북돋우시는 말씀에 그만 눈앞이 흐려지고 말았습니다.
그토록 애절한 호소는
당신에겐 더할 수 없는 슬픔일 줄 압니다.
지그시 바라보는 안쓰러운 시선에서 나는
당신에게 형언할 수 없는 빚을 지게 되었음을 알았습니다.

당신이 나를 기다리듯
당신과 나를 기다리시는 임이 계시오니
죽어도 가야 한다는 피의 절규에
우둔한 가슴에도 당신의 파장이 한없이 너울거렸습니다.

목숨 건 사랑

당신은 당신의 길을 너무 훤히 아십니다.
죽어도 가야 할 길이요,
하나밖에 없는 목숨을 던져서라도 가야 할 길임을
내게 알려주셨습니다.
그러나 당신의 대쪽 같은 뜻 앞에
나의 우유부단한 태도가 얼마나 한심하고
당신의 지고한 마음에 통증을 유발했을지
고개 들어 당신을 볼 면목조차 없습니다.
모쪼록 좌절하지 말기를 빌고 빌면서
가슴 조이며 기다렸을 당신의 모습을 그려봅니다.
할 수만 있다면 손잡고 갈 수 있기를
기도하고 기도한 당신에게
긴 기다림은 정말 캄캄한 시련이었을 것입니다.

수많은 날을 기다리게 하고
당신의 숭고한 인내를 강요했던 못난이였습니다.
나를 사랑하느라 하늘 우러러 도와 달라고
하나님의 옷자락을 붙잡고
뜨겁고 굵은 눈물방울을 흘린 당신이었다는 걸 알고서
속상한 마음과 고마운 마음을 엮어서 한없이 찬미합니다.

승부수

당신은 나에게 꿈같은 사랑의 세계를
브리핑(briefing)하셨습니다.
당신의 말만 들어도 황홀한 세계에
나는 입을 다물지 못한 채
무조건 승부수를 던졌습니다.
그 세계는 한 번 가면 되돌아올 길이 없고
아무나 갈 수 있는 길이 아니었습니다.
당신의 말씀에 혹하여 달려든 내게
당신은 다짐을 받고 또 다짐을 받았습니다.
너무나 매력적인 세계로 향하는 길이었기에
시시한 마음자세로는 갈 수 없었기 때문이었습니다.
뜻밖의 선물을 받은 아이처럼
나는 당신의 선물을 덥석 안았습니다.
그 길이 얼마나 험난한 줄도 모른 채.

살다 보니

살다 보니 이렇게 좋은 날이 있네요.
살다 보니 이렇게 기쁜 날이 있네요.
살다 보니 이렇게 황홀한 날도 있네요.
살다 보니 이렇게 웃음 가득한 날도 있네요.
살다 보니 이렇게 행복한 날도 있네요.

나는 행복합니다

당신을 부를 수 있는 것만으로도 나는 행복합니다.
당신을 생각할 수 있는 것만으로도 행복합니다.
당신을 사랑할 수 있는 것만으로도 행복합니다.
당신을 그리워할 수 있는 것만으로도 행복합니다.
당신의 목소리를 들을 수 있는 것만으로도 행복합니다.
당신도 느끼지요? 아주 기막힌 사랑을.
나는 당신을 사랑합니다.
당신도 나를 무척 사랑하지요.
이 사랑은 영원히 변치 않는 유일한 참사랑일 수밖에요.

기쁜 날

마음과 마음이 통하였네.
참마음과 참마음이 통하였네.
참사랑은 참사랑을 위해서 승리했네.
심정과 심정이 통하였네.
깊은 신뢰는 깊은 신뢰를 낳았네.
참사랑은 참사랑이 존재함을 확신했네.
외로운 당신의 사랑이 청산되었네.
애달픈 당신의 짝사랑이 청산되었네.
당신은 참된 실체를 찾으시고 한없이 우시네.
영원히 변치 않는 당신의 사랑 닮은 실체를 찾으시고 우시네.
온 천하를 주시네.
온 세계의 주관주로 한없이 축복하시네.
당신 닮은 참사람아. 내 사랑아. 내 아가야.
부르고 또 부르시네.
껴안고 또 껴안고 비벼보고 또 비벼보고 한없이 얼싸안으시네.
앞으로 보고 뒤로 보고 만져보고 확인하고
내 사랑아. 내 사랑아.

기쁨이 넘쳐서 주시고 또 주려고 하시네.
최고가 아니면 아니 되는 참사랑의 실체라며 기뻐 부르시며
얘야! 사랑해. 사랑해. 사랑해. 사랑해.
열두 번이 아닌 몇천 번을 들어도
싫증 나지 않는 소리가 '사랑해'라 하시네.
들어도 또 듣고 싶은 소리가 '사랑해'라 하시네.
사랑을 먹고 자란 어린아이처럼 한없이 좋아하시네.

당신에게서 빛이 나네.
당신에게서 향기가 나네.
온 피조만물이 경배하네.
온 천사세계가 당신을 위하네.
당신의 빛이 발광체가 되어서 온 천주를 빛으로 비추네.
그 빛과 그 향기,
선인도 악인도 그 힘 앞에서는 모두 분산이 되네.
바라만 봐도 '아!' 하고 감탄이 나오는 선의 실체가 되었네.
바라만 봐도 '아!' 하고 감탄이 나오는 참의 실체가 되었네.

당신께서 바라신 자녀, 첫 출발지가 탄생되었네.
기뻐서 한없이 따뜻이 축복해주시네.
천사세계도 더불어 한없이 축복했네.
당신도 그 모든 영광 여호와께 돌리시고 돌리라 하시네.
개성완성을 이룬 밤의 축전은 기쁨의 잔치였네.

살맛 나는 세상

나는 당신의 사랑에 미쳐 있습니다.
하루하루가 참 살맛 나는 세상입니다.
내 마음에 사랑이 깃들면 만사가 형통이요, 기쁨이요, 감사입니다.
내 마음에 사랑이 가득 차면 그 자체가 낙원이요, 천국입니다.
당신의 사랑으로 기쁨이 충만하면
이 세상 모두 아름답게만 보입니다.
내 가슴속에는 당신이 살고 있습니다.
오늘 밤에는 당신을 꺼내서 같이 자려고 합니다.
입맞춤도 아주 숨 막히도록 할 겁니다.
당신의 웃는 얼굴, 꽃보다 예쁜 모습을 그립니다.
가슴에 넘치는 이 사랑 오늘 밤 감당하셔야 해요.
이 순간에도 보고 싶은 당신.
가슴에 아련히 밀려오는 그리움에 그만 목이 멥니다.

고마운 인연

당신은 정말 고마운 사람입니다.
당신은 내게 말했습니다.
참은 참을 알아본다고.
선문답 같은 그 말에 철없는 나는 한참을 허둥댔습니다.
당신은 대단한 인격의 주인공입니다.
당신은 하늘의 비밀을 알고 있고,
몇억 천만년 역사의 뒤안길을 거쳐
인연과 인연의 소용돌이 가운데 만난
나와 인연을 기뻐하고 있습니다.
나 또한 하늘의 은사 앞에 무한히 감사합니다.
참은 변치 않습니다. 영원히 변치 않습니다.
당신은 나를 잊을 수 있을는지 모르지만
나는 당신을 절대로 잊을 수 없습니다.
단 하나의 사랑,
당신과 심은 사랑의 싹을 소담하게 키우렵니다.

활짝 피었습니다

내 가슴에 사무치는 그리움은
당신이 그토록 고대하던 사랑입니까?
고요히 있건마는
파도처럼 밀려오는 사랑의 밀어는
당신이 오매불망 찾고 찾았던 사랑입니까?
보고 싶은 마음 때문에
밤마다 수천 번 수만 번을 뒤척이는 사랑,
그 농도가 시간이 가면 갈수록 짙어만 가는 사랑입니다.

그렇게 사랑에 취해서
매일같이 사랑이 그리워서
전화하는 그 모습에 나는 새로운 기쁨을 얻었습니다.
얼마나 그리워하고 갈구한 애달픈 사랑입니까?

당신은 삼국지를 읽고 제갈공명을 존경하게 되었고
천하를 손에 쥔 것처럼 기뻐했다던 당신.
참 당돌한 당신입니다.
정말 당당한 당신입니다.
그럼에도 사랑 앞에는 한없이 자신을 낮추고
철부지가 되는 당신을 보았습니다.
나는 당신을 만나 활짝 피었습니다.

감당할 길 없는 사랑

나는 당신에게 죄인처럼 미안합니다.
밥상머리에서 문득 나를 떠올리며
목이 메여 눈물 섞은 밥을 드시게 한 탓입니다.
당신이 어제처럼 하신 말이 있습니다.

참으로 보고 싶을 때
참고 지내는 것이 참사랑인가요?

당신은 내게 언제나 자존감을 높여주었습니다.
자신은 최대한 낮추고 나를 최고로 높여주었습니다.
그런 당신이기에
나는 당신 앞에 꼼짝달싹 못 합니다.
무정한 나도 당신의 사랑에 흐물흐물 녹았습니다.
항상 온유 겸손을 간절히 구하던 당신.
얼마나 간절히 그리워했으면
나의 가슴이 이토록 그리움으로 가득 찰 수 있을까요?

눈에 넣어도 아프지 않을 당신.
당신의 사랑 다 감당할 길이 없어
사랑하는 이웃에게 나눠주렵니다.
당신은 아찔하게 고마운 사람입니다.
당신은 하늘의 사랑을 고스란히 닮아서 내가 숭배합니다.
나에게 분에 넘치는 사랑을 듬뿍 주시니 한없이 감사합니다.

내 영혼을 휩싸고 도는 사랑의 노래를 들어 보세요.
울렁대는 내 가슴에 노랫소리가 들립니다.
아련한 이 노랫소리가 당신의 귓가에 안 들리세요.
황홀한 이 노래가 내 귓전에는 감미롭게 들리는데
당신에게 들려드리고 싶습니다.
정말 환상적인 사랑의 노래입니다.
울창한 소나무 숲에서 열정의 노래가 울려 퍼지고 있어요.
오케스트라 연주가 비롯되었고
온 세상이 매료되어
사랑의 음악에 몽땅 빠져버렸습니다.

당신은 어느 별에서 오셨습니까?

나는 이토록 당신 생각에 빠져서 무척 행복합니다.

기도하는 여인

첫 새벽 맑은 마음 곧게 세우고
지극 정성 들이는 당신.
하늘의 사정과 애달픈 사연으로
기도하는 당신께 경의를 표합니다.

당신은 가슴 미어지는
하나님의 심정을 붙들고
눈물로 주고받는 첫 새벽
하나님과 공명하는
당신의 모습에
나는 부끄러움을 감추고 기뻐합니다.

당신의 어느 것 하나
예쁘지 않은 것이 없지만
기도하는 모습은
내 영혼을 몽땅 감동케 합니다.

2부

고백합니다

그대를 사랑하는 까닭

그대를 사랑하는 것은,
도톰하고 윤기 흐르는 입술과
도자기처럼 매끈한 살결이 아니라
운명도 거스를 불타는 사랑 때문입니다.

그대를 사랑하는 것은,
시원한 눈매와
탄력 있는 몸매가 아니라
미친 듯 퍼부어 준 눈물 때문입니다.

그대를 사랑하는 것은,
쾌활한 얼굴과
아찔한 뒤태가 아니라
한시도 잊을 수 없는
뼛골에 박힌 그리움 때문입니다.

사랑이에요

사랑이면 다 사랑인가요.
그것은 변함없는 것이에요.
비바람 불고 눈보라 쳐도
끄떡없는 바위처럼
믿음직한 게 사랑이에요.

사랑이면 다 사랑인가요.
그것은 그리움의 샘터예요.
아침 햇살처럼
밤하늘 별빛처럼
꾸준히 빛나는 게 사랑이에요.

사랑이 사랑이게 하려면
잡은 손 놓지 않는 것이에요.
무슨 곡절이 있을지라도
강물처럼
너와 나의 인연도 도도한 것이에요.

삶의 지침

나는 당신께 아무런 보고도 하지 않고
제멋대로 오고 갔습니다.
당신은 몹시 걱정하셨고 아파하셨습니다.
당신은 나의 앞길을 인도하시는 하나님이십니다.
그럼에도 나는 당신의 눈빛을 주시하지 않았고
당신의 낯빛을 의식하지도 않은 채 행동했습니다.
당신은 내게 따끔한 충고를 주저하지 않았습니다.

언제라도 마음이 몸을 주관해야 한다는 것.
속사람이 성장하여 본심과 양심으로
날뛰는 본능과 사심을 주관함으로써
완성 단계로 올라간다는 것.
그 단계로 올라가는 노정에는
많은 유혹이 길을 막고 있고,
자기를 합리화하고,
육신의 타당성을 주장하며 속사람을 타락시키려 한다는 것.
그것을 초월하여 육신의 유혹을 이겨냄으로써

한 단계 성장할 수 있다는 것이었습니다.
그날 외출 사건은
한 단계 성장할 수 있는 상황에서
영과 육의 치열한 한판 대결이었다는 것.
그 이유는 당신의 몸은
마치 나를 감지하는 안테나와 같은 역할을 하는데
당신의 허리에 뜨거움이 사라지고
심정과 사랑의 소리가 은은하게 감돌았던 것,
그것은 심정과 심정이 통하는
사랑을 나누고 있다는 명백한 증거였습니다.

그러나 나의 외출은 보고 없이 감행되었고,
한 여인을 만나는 시각에
당신의 허리는 갑자기 뜨거워지고 마음은 불안했습니다.
지혜로운 당신은 즉시 그 이유를 기도로 알아냈습니다.
본심은 유일(唯一)을 외치는데
본능은 육의 정욕을 발동시키는 것을 감지한 당신.
기도하라는 하나님의 분부에

"설마! 그 사람이 나와 철두철미 약속하고 갔는데요.
염려하지 마세요."라고 위로해 드렸지만,
하늘은 한사코 기도하라 하셨습니다.
본능을 주관하라.
정욕을 주관하라.
그리고 그 권을 넘어서 승리하라.
하나님의 염려가 크시기에
당신의 염려도 크셨을 줄 압니다.
당신은 내게 큰 교훈을 주셨습니다.

하늘 앞에 보고하고 가야 한다는 것.
절대성을 띠고 하늘과 의논하면서 살아야 한다는 것.
일거일동을 하늘 아버지와 일체를 이루어야 한다는 것.
언제나 하늘이 염려하는 기준을 벗어나지 않기 위해
자신의 언행을 점검하고 반성해야 한다는 것.
언제나 아버지와 상의 없이 단독 결정으로 가면 안 된다는 것.
아버지는 인간이 완성권에 도달할 때까지
항상 노심초사 일거수일투족을 걱정하신다는 것.

하늘은 그렇게 심정세계, 혈통적인 것, 세포 하나까지도
온전성을 추구하는 심정으로 지켜보고 계시다는 것이었습니다.

만약 내가 출타하기 전에
하나님 아버지께 보고 드렸더라면
아버지는 전혀 불안해하지 않으시고,
오히려 먼저 가셔서 그 장소를 성별하시고,
주변 영을 정리하시고,
참사람을 맞이하게끔 준비하셨을 것이라는 것,
이렇게 사는 것이 효자의 기본 도리라는 것이었습니다.

조바심으로 염려하시는
아버지의 심정이 안타깝고
아버지는 당신의 온전함과 같이 온전하기를 원하시고,
사탄과 지내던 것까지 모조리 쓸어버리고 싶으시다는 것.
당신은 그렇게 자애로운 어머니처럼
오래 인내하면서 사랑으로 진정으로 충고해주셨습니다.

사랑은

사랑은 감미로운 음악
음률에 맞춰서 사랑을 전하네.
사랑은 감미로운 바람
가을바람에 실어서 그대에게 보내네.
사랑은 감미로운 속삭임
그대 귓전에 조용히 다가가
"사랑해!"

웃자

기쁘게 웃자
근심 걱정 다 버리고 웃자
내일은 내일의 태양이 뜬다.

명산 중의 명산

고귀한 당신이 없었다면
이 여인은 무용지물
그냥 왔다가 흘러갈 수밖에 없었을 것을
당신의 무한한 인내와 자상함으로
완성의 경지에 도달하기에는 너무나 가까운 직단거리
참사랑의 근본은 희생, 봉사, 온유, 겸손, 충성, 절제,
희망, 사랑!
악의 태산까지도 당신의 고귀함과 자상함으로
선의 태산으로 바꾸어
명산 중의 명산이 되니
아름다운 금수강산에 비하리오.
한 여인이 고운 자태로 누운 명산
한라산에 비하리오.
아, 알고 보니
이 여인이 바로 한라산이로세.
한라산의 선녀가 어디 있는가 하니
이 여인 자체가 명산이로세.

온몸이 성감대

나의 성감대는 당신 손길 닿는 대로
즉시 초감각적으로 빠르게 반응합니다.
당신의 눈길, 입술, 눈빛,
범상치 않게 감도는 에너지가
내 눈에는 청아한 빛으로 뻗쳐오곤 합니다.
머리를 쓰다듬고, 얼굴, 귀, 목…
나는 온몸이 성감대에요.
특히 좋은 것은 입맞춤을 하다가
귀를 거쳐서 목덜미를 애무할 때
그때는 숨을 쉬지 못할 때도 있어요.
당신의 입술에서 나오는 기는 아주 강렬하지요.
혀에서 나오는 생명수는 매우 달콤하고요.
침이 달다는 걸 처음 알았어요.
그래서 나의 침을 당신에게 준 적이 있어요.
당신도 꼬박 받아먹기에
내 것도 달콤하겠지, 생각했답니다.
손과 발도 느낌이 좋지만

생식기를 애무할 때는 벌써 황홀한 언덕을 오른답니다.
혀가 깊숙이 파고들 때
그 부드러운 느낌은 연하게 살랑거리지요.
오래 해도 좋고 짧게 해도 좋아요.
마냥 좋지요.
그곳을 애무할 때 특이한 것은
찬 공기가 맞닿아서 그런지
차가우면서 어우러지는 느낌이
상큼하다고 느낀 적도 있었지요.
여름철에 오이를 한입 물었을 때 느낌이에요.
시원하잖아요.
혀에 힘을 가해서 막 휘두를 때는
뭐 정신이 아득하답니다.
그때는 또다시 극한 쾌락의 경지에 오르는 거예요.
그러면 나는 당신의 머리를 만지거나 얼굴을 만지지요.
당신의 머리카락을 만져도 나는 쾌감을 느껴요.
부드럽지 않을 것 같은데

사랑할 때 머릿결은 나에겐 또 다른 자극을 주거든요.

송아지로 말하면 버릴 것이 없는 사내랍니다.

생식기 애무는 최고로 감미로운 시간입니다.

때때로 들리는 당신의 격한 신음은

나를 확 달아오르게 합니다.

황홀한 기쁨

당신이 내 몸을 만져주면 기분이 무척 좋아요.
엎드린 상태에서 등허리를 쓸어줄 때,
혀로 애무해 줄 때는 머리카락이 빳빳이 서고
육감이 서늘하게 느껴오는 그 촉감은 정말 좋아요.
나도 당신을 애무하면서
쾌감을 공유한 적이 있었어요.
당신이 흥분하면 나는 당신보다 더 흥분되거든요.
그때는 오르가슴을 느끼기도 해요.
당신을 애무하다 내가 흥분하니
얼마나 부끄러운지 모릅니다.

당신과 내가 하나가 돼서 동작할 때는
온몸이 뜨거워지면서 열정적인 사랑을 하는데
사랑하다 운 적이 있었어요.
가슴이 메어오는데
아스라한 저편 너머에서
야릇한 기가 건너오더니

걷잡을 수 없는 기쁨이 넘치는데
무아의 경지로 들어가고 말았어요.
세상에 태어나서 처음 느껴보는 그 황홀경.
어찌할 수 없는 상황에서 흐느끼며 사랑한 거예요.
너무 좋아서 울며 사랑하긴 처음이었어요.
그 느낌은 황홀의 경지입니다.
황홀한 기쁨을 어떻게 표현하겠어요?
너무 기쁘면 울고 너무 슬프면 웃는 거지요.
그 순간에는 당신이 최고로 위대해 보이고
최고로 존경하는 당신에게 감사함이 얼마나 큰지 몰라요.
얼마나 위대하게 보였는지,
그래서 감격의 눈물을 흘렸답니다.

황홀의 경지

사랑할 때는 가슴이 콩닥거려요.
샤워를 하고 침대에 누워서
천상의 당신을 바라보는 순간
나의 가슴은 두근두근 뛰기 시작해요.
거대한 힘이 조여 오면서
사랑행위는 시작되지만,
어느새 부드러운 힘으로
다감하게 위안을 주면서 사랑을 해주셨지요.
당신에겐 말하지 않았지만
난 민감한 데가 많은 여자예요.
당신은 그걸 다 아시나 봐요.

강렬한 피스톤 운동을 할 때는
그 힘을 받아서 점점 커지고, 때로는 작아지곤 합니다.
커질 때는 우리 둘이 온 방 안,
온 우주를 둘러싸고 다 덮을 만큼 커지는 거예요.
작아질 때는 우리 둘이

우주의 한 점이 돼서 사라질 것 같이 됩니다.
그럴 땐 너무 두려워서 소리를 지르기도 했어요.
소리를 지를 때 상황은
내가 없어질 것 같은 느낌이 들 때입니다.

하늘을 날아갈 때는
짜릿하면서도 숨을 쉴 수 없는 경지예요.
사랑하면서 당신의 허리를 껴안을 때는
온 전신의 피가 역류해서
치솟아 올라가는 느낌이 들 때입니다.
당신의 모든 것을 내 안으로 끌어들이고 싶어서
최대의 힘을 끌어보기도 했어요.
사랑할 때 당신의 생식기가 사라지는데
그 쾌감, 그 황홀의 경지는
온 우주가 하나 가득
힘이 들어왔다 나가는 자유자재의 경지랍니다.

넋을 잃게 하는 영상

사랑할 때는 편안했어요.
늘 편안하다면 안 믿을지 모르지만 늘 편안했어요.
압도적인 힘에 눌려서
숨조차 제대로 쉬기 힘든 분위기에서도
사랑 동작에 몰입하면
그 편안하고 따사로움은 이루 말할 수 없어요.
다윗의 시, 시편 제23편이 떠올랐어요.

여호와는 나의 목자시니
내게 부족함이 없으리로다.
그가 나를 푸른 풀밭에 누이시며
쉴만한 물가로 인도하시는도다.

목자가 푸른 초원으로 인도하신다는 것은
이런 사랑을 비유한 것은 아닐까!
당신과 사랑행위를 통해서
하나님의 사랑을 체험했습니다.

사랑할 때는 늘 편안했어요.
사랑할 때는 늘 행복했어요.
사랑할 때는 늘 좋았어요.
사랑할 때는 늘 달콤했어요.
사랑할 때는 죽을까 봐 늘 염려도 했어요.
너무 강렬하고 너무 황홀해서
온 전신이 흩어지는 느낌이었어요.
옆으로 앞으로 사방으로 쫙 퍼지면
주워 모을 수 없을 것 같아서 소리를 지르기도 했어요.

당신이 내 얼굴을 만지고
쓰다듬어 줄 때의 쾌감은 얼마나 유쾌한지 몰라요.
당신의 손끝에서 전류가 흘러나오는 거예요.
그래서 몇 번인가 당신의 손을 만져보았지요.
감미로워서 그랬어요.
그 손길 다시 느껴보려고.

음색으로 표현하면 버릴 것 하나 없는
매력적인 남성 중의 남성인데

내 눈에는 부드러우면서 고귀하고
품위가 있으면서 아름다운 매력을 지닌
아주 멋진 그런 형상으로 보였습니다.
범상치 않고
대범하면서 중후하고
미소년처럼 청초하면서도 단아한
아주 우아한 그런 모습이었지요.
무슨 남자에 관한 표현이 그러냐고요?
정말 거칠 것 없는
석양 같은 아름다움이 가득한 모습으로 사랑했어요.
항상 새로운 모습이었지요.
단 한 번도 같은 모습의 당신을 본 적이 없습니다.
늘 다양하게 나를 기쁘게 해주셨어요.
당신의 얼굴은 조각상처럼 단아하면서도 청아했어요.
연한 청푸른 모습은 잊히지 않는 영상의 하나입니다.
어느 때는
내가 영화를 감상하고 있는 것처럼 매료되었어요.
아름다운 그 영상은
너무너무 황홀하여 완전히 넋을 잃게 했어요.

숲 속에서 춤을

오늘은 숲 속에서 기를 온몸으로 느끼며 춤을 추었어요.
4분의 3박자 음률을 타고
자연스럽게 춤을 추었어요.
자연의 조화를 마음으로 느끼며 명상을 하고,
고전무용처럼 부드럽게
손끝에 힘을 주었다가 풀면서
흐늘흐늘 추다가
강한 바람이 불면 격동의 몸동작을 하면서
광란의 춤을 현란하게 추었어요.
예전에 춤은 무거운 느낌이었는데
오늘은 내 몸 자체가 둥실둥실 뜨는 듯 가벼웠어요.
결코 가벼운 몸이 아니건만
세상에 그런 춤을 추다니
이게 무슨 일인가요?
생각지도 원하지도 않았는데
그냥 막 추었어요.
일명 막 바람 춤을.

사랑하세

사랑은 기를 타고 전하면
상대가 어디에 있든지
공명하는 것이 본연의 세계가 아닐까요.
가슴이 아련히 저려오면서
그리움이 일렁거리면
아하! 당신이 나를 그리워하는구나.
그러면 나도 지그시 마음 모아
사랑의 기를 보내면 파장이 옵니다.
아련히 올 때도 있지만
은은한 향기로도 옵니다.
사랑의 향기를 맡아 보셔요.
거룩한 향기는 폐부 깊숙한 데까지 밀려오지요.
설레는 내 가슴의 고동 소리를 귀 기울여 들어 보셔요.
사랑의 음률은 고운 콧노래로 귓가에 맴돌 거예요.

한 그루 청푸른 소나무
청초한 흰 백합화

언제나 변함없이 자기 개성이 만발하도록
이처럼 자연도 자신의 아름다움을 표현하는데
하나님의 형상인 우리의 모습은
희로애락의 표상이 아니던가.
서로 위하여 사는 것이 우주의 법칙인데
인간은 종교인이든 아니든
서로 사랑을 이루어야 할 존재이거늘
높은 데가 있으면 낮은 데도 있건마는
어찌해 높은 곳만 향하여 가길 원하는가.
몰랐는가.
위대한 성인 성자들도 낮은 곳으로 가기를 자처하는데
천국이 어디인가?
바로 모든 것을 부정하는 자리이더라.
그것을 누가 알리오.
지옥을 승화시키는 것임을.
높은 자의 사명은 인류를 바로 교육하는 교육자인 것을.
사랑하세.
참사랑의 본질을 체험한 자는 사방성을 통하는 미래인 것을.

위하세.

참사랑의 실체가 되어 보세.

참사랑의 세계를 이루세.

힘들고 고통스럽지만 지옥은 없어지네.

희로애락이 인간의 근본인 것을.

즐길 줄 아는 희로애락을 통달하세.

천년왕국의 노래는 결코 중단하지 않으리.

반드시 이루어야 할 복지향을

조상으로서

그 길을 좀 더 편히 가도록 힘써 일하세.

미래 후손을 위하여!

참사람이 이 땅 위에 점점 퍼지네.

그들은 결코 드러내지 않을 것이네.

다락방에서 정성을 모으듯

지상에는 그런 무리가 속출할 것이네.

우리는 그런 일을 엮는 사명자임을 다시 상기하며

감사히 즐겁게 기쁘게 춤을 추며 가세.

육신의 안일함은 그냥 왔다 가는 인생.

신령한 세계를 깨닫고 사는 길이 바로 인간의 목적인 것을.
누가 알려줄 것인가는 기대도 하지 말게.
오로지 자기 자신이 스스로 깨우쳐 가는 길.
인생은 혼자 왔다 혼자 가는 것.
다만 뜻이 같다면 더불어 심정세계에 머무는 혜택권.
그러니 사랑하세, 사랑하세.
그것이 바로 영원한 사랑의 상대를 찾는 길.
홀로 아리랑의 깊은 뜻을 상기하세.
왜 홀로 아리랑일까를!
아픔일세, 아픔일세.
그렇지만 내색 한 번 하지 않고
뜻에 전념하시는 어른의 심정을 위로하세.
우리 모두 참사랑의 실체가 되어 보세.
본연의 모습을 갖추도록 회개하세.
옆 사람을 참견할 시간이 어디 있는가.
각자 먼저 변화된 삶을 통해서
깨우침을 몸소 실천으로 보여주세.
많은 말이 뭐가 필요한가.

그저 심정으로 복을 빌어주세.

그것이 어려우면 가만히 있기로 하세.

정성의 가문,

자식의 도리를 다해 부모의 위신을 세워드리세.

나라 잃은 설움

반쪽이 되신 허리를

언제면 용이 되어 승천할 것인가.

한마음이 되어 보세.

가정들을 거름 삼아 천국을 이루고 싶은 부모의 심정.

미래는 부디 복이 넘치는 자유천지를 공유하리.

그것을 알기에

사지로 내모는 부모의 심정을 알기에

그러므로 사랑하세, 사랑하세, 사랑하세.

공적을 쌓아도 사랑이 없으면

다시 사랑의 실체가 되기까지 연장되는 것을.

개인에서 나라 천국까지

몸과 마음이 먼저 하나 되기를 기도하면서,

맡은 사명을 다하도록

늘 염두에 두고 지내세.

당신의 천재성으로 명작의 세계를 기대하네.

고백합니다

사랑하는 사람아!
한가위 보름달이 밝게 떠 있는데
사랑의 근본원리는 다 찾으셨나요?

당신이 보는 여자마다 다 나로 보이듯
오늘 나도 그러더이다.
추석 마당 노래자랑에 갔는데
노래하는 녀석마다 당신으로 보이더이다.
사랑하면 그런 것인지
참사랑에 빠져서 그러한 것인지
해도 해도 싫증 나지 않는 것이 당신과 사랑이라오.
이상하지요.
이토록 깊이 사랑할 수 있다니!
내면에 잠재된 사랑이 이제야 싹 튼 것일까요.
당신을 깊이 사랑하는 것이 마냥 기쁠 뿐이라오.
내가 당신을 이렇게 사랑할 줄은 정말 몰랐어요.
이렇게 무너지면서 사랑한 것은

누가 뭐라 해도 하나님이 함께하심이라.
하나님께 외롭다 투정하지 않았건만
어찌하여 당신을 만나 이토록 깊은 사랑을 하는지.
두려웠던 시간도 있었지만
미안했던 시간도 있었지만
인간적인 번민도 했었지만
누군가의 가슴을 아프게 하기 싫어서
어디론가 사라지길 바란 적도 있었지만
하나님이 한사코 원치 않으셨기에
설득과 기다림과 초조함을 인내하시고
물끄러미 지켜보셨을 임의 심정을 헤아려봅니다.
신적 가치를 지닌 사랑은 이렇게 깊어만 가는데
두려운 것은 이제 다른 것이 없다오.
오직 참사랑의 이론을
간단명료하게 참된 진리로 승화시킬 수 있는 지혜.
모든 조건이야 하늘이 함께하심을
오늘 알았지만
당신이 크게 다가와서 거룩함을 보여주기까지

얼마나 고대했던 하나님의 소망이었을까요.
당신에게 오늘 사과드립니다.
본연의 남편으로 당신을 모셔야 함을 알면서도
아직도 아버지의 형상으로
성령의 체를 쓰고 오시는 것을 말입니다.
전에는 오직 당신만이 꿈속까지 차지하곤 했는데….
이것을 고백하는 건
내 사랑의 뿌리가
다시 당신에게 온전히 내리도록
단호하게 결정해야 하기 때문입니다.
영원한 참사랑의 주인은 오로지 당신뿐임을 고백합니다.

기도원에 갔을 때 아주 슬픈 기억이 있어요.
당신을 사랑하면서도 의심했기 때문이었는지
같은 영계에 머물지 못하고
슬프게 떠나던 당신 모습을 잊을 수가 없어요.
밥 먹고 돌아와 보니 당신은 어디론가 떠나고
그 자리에서 얼마나 울었는지.

그렇게 그리워서 목메어 울었어요.
그렇게 사랑했는데도
그렇게 그리워했는데도
그렇게 서로 애틋했는데도
그렇게 못 잊을 존재로 자리를 잡았는데도
왜 당신의 가슴을 아프게 했는지.
너무나 사랑하기에
당신의 심정은 그렇게 나를 향해 오는데
난 싫다고 돌아서서 후회하길 얼마나 했는지.
미안한 마음 금할 길 없어서 고백합니다.

기도원에서도 신기한 영상을 보았지만,
당신의 심정세계가 제일 생각이 나네요.
하도 답답해서 하늘이 보여주신 것을.
그때는 모두 다 당신이 역사한 줄 알고,
이제는 알아요.
하나님께서 당신의 체를 쓰고 역사하셨다는 것을.
사랑할 때도

당신 모습이 아니라 큰 존재였는데
생활 속에서도 그렇게 역사하신 것을.
바로 당신의 체를 쓰신 성령의 하나님이라는 것이지요.
결국 이 땅 위에 주님 같은 존재를 찾으라 하면
당신이라고 당당히 하나님이 보여주신 것입니다.
참된 아들로
사탄 앞에 당당히 내놓으실 것입니다.
그러므로 당신을 참소할 자가 없습니다.
당신을 참소하고 핍박하면
메시아적 가치를 두고 하늘이 역사하실 겁니다.
당신이 참사랑으로 이웃을 위할 때
성령께서 함께하실 것입니다.
당신은 위하는 삶의 두 번째 표상입니다.
하나님께서 당신에게 오늘
본연의 참된 아들의 모습을 갖춘 자로서 축복하시는 것입니다.
나는 당신을 송축 드립니다.
이 땅 위에 두 번째 참다운 부모의 자격을 갖춘 실체가 탄생했습니다.

그 책임을 다하기까지 최선을 다하고,

일심일체가 되어서

하늘의 참뜻을 이룰 때까지

영원불변 참사랑의 근본원리를 펼쳐 보셔요.

본연의 사랑

기마 자세로
손깍지를 끼고 사랑을 했지요.
우리의 생식기가 사라지고
둥그런 공이 되어서
달나라에서나 느낀다는 무중력 상태로
둥실둥실 떠다니면서 같이 호흡하고
그 모든 공간에서 공명일체를 이루었어요.
영원성을 두고 사랑하자 하신 말씀이
바로 이런 것이구나 싶었어요.
쾌감은, 머릿속이 하얗게 된다는
당신의 느낌을 나는 백번 공감해요.
나의 머릿속이 백지처럼 텅 빈, 공간이 되고,
그 느낌은 어떤 문자로도 표현할 수 없는 경지예요.
그렇게 둥그런 실체는
있는 듯 없는 듯 둥근 원을 수없이 그리면서
제어할 수 없는 힘을 주고받으며
무중력권에서 노닐었어요.

그렇게 엄청난 사랑을 잊을 수가 없어서
다시금 그런 사랑을 기대해 보지만,
신기하게도 사랑할 때마다 감정이 다르게 체휼되었어요.
정말 변화무쌍한 힘의 근원을 여러 각도로 체험하고 있습니다.

3부

사랑의 메아리

별

어느 날 밤
깊이 잠든 내게 찾아와
억겁보다 더 오랜 외로운
사연 쏟으시던 임이여!

그렇게도,
기대 만발하신 당신을 두고

천금 같은 나날 뭉그적대다가
그만, 봄·여름·가을·겨울이
속절없이 속절없이 지나간 뒤로는

남루한 입술로
기도조차 두렵고 거북하여
칠흑 같은, 그런 밤이 찾아오면,
임의 고귀한 사랑 되뇌며
비굴한 눈물만 훌쩍이고 있습니다.

필수 조미료

사랑은 기다리는 것입니다.
하루 이틀 사흘 나흘…
상대가 일어설 때까지
온갖 역경 이겨내고
나를 향해 미소 지을 때까지
위대한 어머니처럼
지독하게 기다려주는 것입니다.

그래서 기다림은
간곡한 기도가 되고
목마른 염원이 되고
진한 그리움이 되는 것입니다.

사랑은 때때로 눈물도 만들고
한숨도 만들고 아픔도 동반합니다.
그러면서도 사랑은
늘 새롭고
늘 산뜻하고
늘 설렘을 유발하는 인생의 필수 조미료입니다.

내 사랑이어라

너무 염려하지 마셔요.
살다 보면 좋은 날이 있겠지요.
살다 보면 편한 날도 오겠지요.
살다 보면 당신과 사는 날도 오겠지요.
살다 보면 깊은 주름 서로 매만져주며
고생했지 하면서 위로할 날도 있겠지요.
살다 보면 보금자리도 생기겠지요.
살다 보면 당신이 주는 용돈으로 살아갈 날이 있겠지요.
살다 보면 당신이 세계여행 시켜줄 날 있겠지요.
살다 보면 당신과 나는 없어서는 안 될 존재로
서로 아끼고 보듬고 위해주면서 살아갈 날 있겠지요.
아! 당신은 영원한 나의 사랑이어라.

죽었다 살아나는 이치

나는 당신을 존경합니다.
늘 당신 앞에서 까불지만 조심하고 있어요.
그래도 사랑해 주시어 얼마나 감사한지.
당신이 심금을 울린 한 마디는,
나는 이 길을 아주 재미있게 기쁘게 가고 있어요.
지극히 바라보는 나의 눈길을 보셨나요?
심금을 울리면서,
그날의 사랑은 매우 감미롭게 이루어졌어요.

처음에는 감미롭고 여유로운
사랑의 세계를 보여주셨어요.
그러다 거대한 힘이 천상에서 내려와
땅을 짚고 사랑하는 기분이 들었어요.
큰 바윗덩이 같은 존재가
나를 감싸고 마음껏 주무르면서,
깔려 죽을 것 같은데
버둥거리는 나를 오히려 무색할 만큼 유린했어요.

엄청난 바위에 눌린 개미가
꼼짝도 못 하고 죽을 것 같은데,
버둥거리면서 움직일 때마다
황홀한 기쁨과 넉넉한 느낌
죽을 것 같은데
그 죽음이 전혀 무섭지 않았어요.
바위에 눌렸다가
물살이 빠져나오는 것처럼
여유 있게 살아나는,
자연의 이치를 느끼었어요.

육포단과 비교할 수 없는 그 세계
본연의 부부가 황홀경에 빠져서 타락하지 않고
열 남자, 열 여자와 하는 것보다
더 깊고, 더 넓은 사랑의 세계이지요.
육포단의 주인공은 인공 생식기를 갖고 있었지만,
당신은 성령의 만유원력을 통해서
내게 쏟는 그 힘은
그것과 비교할 수 없는 유일한 금자탑이었어요.

사랑의 메아리

나는 외로워요.
힘들어서 더욱 외로워요.
고달파서 외로워요.
아니에요, 아니에요.
솔직히 말하면 나는 밤마다 외로워요.
사랑의 진한 맛을 알고부터 난 밤마다 외로워요.

수사슴의 거친 향내가
왜 이렇게 가슴 설레게 하는지.
수사슴의 거친 숨소리는
내 온몸에 하얀 천사 옷을 입혀 놓은 듯
살 떨리는 체온이
나를 유혹하는 강력한 전류가 흐릅니다.

아, 사랑하면 원이 없을 이 밤에,
당신을 향한 그리움을 품고
나의 온정을 보내면서 잠을 청하려 합니다.

말을 타고 드넓은 초원을
한 바퀴 돌고 오면 원이 없으련만
저녁노을 아름답게 수놓은 바닷가를
한없이 달리고 나면 원이 없으련만
당신의 조각상을
원 없이 만져보면 원이 없으련만
당신의 매혹적인 미소년 같은 얼굴, 속눈썹을
나의 보드라운 혀로 애무한다면 원이 없으련만
어찌하여 당신은 그리움만 심어놓고 무정하게 가셨나요.
오매불망 모든 것 다 잊고
당신 오실 날 손꼽아 기다립니다.

당신, 나 보고 싶거든 가슴에 손 모으고
가장 아름답고 귀엽고 예뻤던 모습을 그려주세요.
그러면 내 심장의 고동 소리는
온 우주의 진동을 타고
아름드리 숲을 연상하면서 춤을 추오리다.

아름다운 향연이 온 우주의 전류를 타고 흔들거리다
기를 통한 부드러운 음률이 온 전신을 감싸거든
내가 다시 태어나 지상에서는 찾을 수 없는
고귀한 존재로 거듭나기에
충분한 에너지는
당신의 소중한 숨소리를 통해서
온몸의 기와 사랑의 힘을
가슴으로 마음으로 보내리니 듬뿍 받으소서.

참사랑의 실체가 되어라.

이 메시지는 세월이 흘러도 잊히지 않을 거예요.
그 음성은 영원히 내 귀에 들려오는
소중한 메아리입니다.

귀여운 여인

떠도는 구름 중에
제일 아름다운 형상이 눈에 들어오거든
내 귀여운 여인이 나를 바라보고 있구나 하고
잠시 고개 들어 하늘을 보셔요.
그러면 귀엽고 보드라운 구름송이가
당신의 아늑한 가슴 위에 머물러서
구름도 잠시는 편히 쉬다 가게요.
그러다 보고 싶고 안고 싶어서
전류가 온 전신을 타거든
흥분하지 말고 꼭 껴안아 주세요.
그 전류는 사랑의 기를 타고
바다를 건너서
귀여운 여인의 온 전신에도 퍼지거든
오호라. 내 임이 나를 발견하고서
사랑의 감성을 느끼고
지금 사랑의 기를 보내는구나 하고
더불어서 사랑의 감정을 나누기로 해요.

구름을 좋아하는 당신의 여인이
사랑과 함께 늘
가슴속에 파묻혀서
나날이 힘든 줄 모르고
살아갈 원동력을 매일 받고자 함은
당신은 바로 나의 하나님이시기에,
영원을 두고 만나야 할 인연이기에,
떨어져 있어도 항상 당신은
내 것임을 잊지 말고
사랑이 머무는 그곳에
늘 한결같은 그리움을 남기고 갈 줄 아는
매력적인 한 남성을 두고
영원히 사랑할 수밖에 없는
인격 완성을 이룬 한 남성의 실체를 타고
사랑을 만끽하는 그대는 누구인가.
변함없노라 매일 다짐을 주는
한결같은 내 사랑

내 임은 누구인가.
짙은 소나무 향기를 은은히 전해주는
그대를 생각하다가
울기를 얼마나 했던가.
그런 그대를 위해
내가 해줄 수 있는 것은
바로 따스한 마음 외에는 없어라.
그 마음을 보여줄 수 없으니
내 생긴 모습을 보시고
마음의 생김새를 간파하시고
많이 사랑해 주셔요.

그저 당신 외에는 생각이 나지 않아서
내 삶의 모든 초점도
늘 당신께 맞춰 사는 것을 잊지 마세요.
항상 서로 염려해 주는
따스함에 우리는 승리할 것입니다.

그러므로 너무 오래 기다리지 않게 해 주세요.
내 기도가 너무 우습고
이뤄주신 하늘의 은사도 미소 짓게 합니다.
참사랑의 실체를 만나게 해 달라고 기도했더니,
그래서 더 값지고 소중하고 귀해서
늘 조심스럽다는 것도 알아주세요.
아무렇게나 하는 사랑이 아니잖아요.

하나님께서 "너는 이름도 없이 소금과 빛이 되라" 하시기에
얼마나 성질을 냈을까요.
소금은 값싸고, 있어도 알아주지 않으니 싫어요.
빛은 없으면 찾고, 있으면 소중함을 알지 못해 싫어요.
정말, 알아주지 않는 인생은 애달프지만
시간이 지나면서 난 늘 행복합니다.

사랑하는 그대
그럼 사랑을 듬뿍 보내면서

사랑한다는 글이 올라갈 때마다
그 사랑의 의미가 다 다르다는 거 알지요.
그래서 사랑해요, 사랑해.

자연을 친구 삼아

욕심이 있으면 근심이 있는 법인데
그래서 요즈음 내가 곤고한가!
사실 그렇지 않아요.
나는 아무것도 조급하지 않습니다.
다만 일을 하고 싶어요.
그렇다고 딱히 돈이 필요한 인생도 아닙니다.
마음은 저 깊은 강원도 산골이나
지리산 언덕배기에서
흘러가는 구름을 벗 삼아
흐르는 냇물과 친구가 되어 지내면 좋으련만.
심정적인 인연이 있어 나는 혼동하지 않아요.
그저 탈 없이 내 한 몸 간수하면서
사랑하는 그대가 오실 때
지극 정성으로 모실 수 있다면 그것으로 족하다오.

내 인생은 이미 하늘에 붙들린 바 되었기에
반항하지 않을 것입니다.

이제 마당에 화초와 꽃나무를 심으면
정겨운 정원이 될 것입니다.
그러면 아름다운 시상이 떠올라
당신을 즐겁게 해 드릴 수 있겠지요.

어젯밤엔 너무 보고 싶어서 몸부림을 치다가
어떻게 잠이 들었는지
아침에 보니 속옷이 다 젖어 있었어요.
그렇게 나는 늘 당신의 포근한 살 냄새와
아늑한 포옹을 그리며 지내고 있답니다.

먼 산을 바라볼 수 없는 서울이지만
가끔은 하늘을 보며
그때는 그렇게 해 주셨는데 하면서
늘 자상했던 당신의 인격을 떠올리면서
섭섭하게 했을지라도
내색하지 않았을 성품을 조용히 되새기면서

또한 하늘의 깊은 뜻을 생각하면서
당신의 일이 잘 풀리기를 기도합니다.
나는 얼마나 행복한 사람인지 몰라요.
하늘이 항상 같이하시기에
그리 힘들지는 않지만
밤에는 사람이 그리워요.
사람이 그리워도 조용히 지내보기로 하지요.
그래도 심심하면 침묵과 벗이 되어 지내지요.
그래도 심심하면 마음과 친해 보기로 하지요.
그래도 심심하거든
고운 심지를 태우는 초를 벗 삼아 대화해 보기로 하지요.
그러다 시간이 지나면
이 세상에서 제일 그리운 임이
내 방을 노크해 줄 날이 있겠지요.
사랑은 그렇게 모든 것을 이겨내는 힘이 크다는 것을 알았습니다.

내 소원이 있다면 무엇인가?
내 그리운 임 언제 오시려나
손꼽아 기다리는 것이라오.
내 그리운 임의 따스한 손길을
한시도 잊지 못해서
당신의 조용한 웃음을
오늘도 열어서 들여다보고 있어요.
당신의 목소리 힘이 있는 대답을 들을 때는
나도 괜히 용기를 얻고 살고 있어요.
당신의 건강한 웃음소리는
혼자 지내는 나를 웃음과 함께 살도록 용기를 준답니다.
세끼 밥 먹고 산다면 무슨 근심 걱정 있으랴만
그래도 사랑하는 이가 오시면
따뜻한 밥이라도 먹이고 싶어 열심히 일하고 있어요.

명기 중의 명기

이제 아셨어요?
내가 명기라는 것.
하늘이 나를 바닷가 마을에서
괜히 태어나게 한 줄 아세요?
그 사연을 듣고 나도 깜짝 놀랐어요.
개발이 안 되어서 그렇지
나는 명기 중에서도 36도 성기를 가진 여인이에요.
항상 촉촉이 젖은 샘물
결코 마르지 않는 샘물
영원한 생명수 기운이
몸속에 충만한 명기를 갖고 태어나기까지
고난의 세월이 있었지요.
누구도 모방할 수 없는
나만의 특유한 매력이 있다오.
그것은 어떤 여인도 따라올 수 없는
하늘이 내려주신 매력이지요.
명기 중의 명기,

36도 성기를 지닌 여인을 만난 남성은
천하를 얻는 영광을 누린다 했어요.
그런 보물은 어머님도 갖고 계신 줄 알고 있어요.
나 역시 어머님처럼 크게 부풀지 않은 젖가슴을 소유하고
천혜의 재능을 숨긴 채 지내던 터에
천재일우의 기회를 얻은 후,
그것을 심혈을 기울여 개척하고
비로소 개통하고
노심초사 개발해준 은인이 바로 당신입니다.
그래서 당신만이 그리운 여인이에요.
하나님이 그러셨어요.
내 귀는 남자를 쓰러뜨리는 기운을 가졌대요.
그래서 나는 지금껏 귀걸이를 하지 않아요.

웃기는 여자

사랑은 매일 하고 싶어요.
내 자랑이 싱거웠어요?
내가 명기라는 것.
수액이 매일 넘치는 여인은
사랑의 강도가 매우 깊대요.
사랑의 맛을 알면 알수록
새로운 샘물이 넘치듯
그 사랑 수액의 질이 때에 따라 다르대요.
사랑이 많으면 사랑의 샘이 넘치겠지요.
당신을 생각하면
그대로 수액이 흐르니 참 웃기는 여자이지요.
이제 어떻게 할 거예요.
당신이 마지막까지 책임질 수밖에요.

지극한 행복

이번에는 두 가지 사랑을 체험했어요.
하나는 죽음의 경지에서도
웃으면서 죽을 수 있는 지극한 행복입니다.
또 하나는 하나님이 함께하시는 엄청난 사랑을 체득한
나의 인생은 결코 헛되지 않은 인생이라는 확신이에요.
사랑은 그처럼 행복한 바다입니다.
부드러우면서도 여유 자작한
사랑의 흥겨움을 뭐라고 표현할 수 있을까요?
별빛 쏟아지는 뜰을 한가롭게 거닐던 행복이라 할까요.

상상도 못 한 죽창은 기가 막힌 맛이었다오.
부드럽게만 느껴졌던 당신의 생식기가 돌변해
예고도 없이 죽창이 되어 자궁을 파고들었지요.
돌진하는 죽창을 피하려고 몸부림을 치면 칠수록
그 쾌감은 더욱더 증폭되는 흥분의 활화산이었습니다.
그 죽창의 맛은 희열의 정점을 찍는 새로운 힘이었어요.
나로서는 늘 깜짝 당하는 거라서

너무너무 소스라치게 놀랍고 신기할 뿐입니다.
그렇게 황홀한 와중에도
나는 '당신이 정녕 사람인가?' 하고
사랑하다 말고 쳐다본다오.
그때마다 신과 사랑을 하는데
도대체 신의 정체성을
어디에 초점을 맞추어서
여기까지는 당신이고
여기까지는 신이라고 정의를 내릴까 하다가
웃느라고 밥 먹느라고 늘 잊어버리지요.
시공을 초월한 신이겠지요.
내 안에 내재한 신은
아무래도 한계가 있지 않겠어요.
만약에 내 안에 내재한 신이
그런 일을 연출한다면
나는 아마도 엄청난 내공의 소유자이든지
신의 만유원력을 많이 가진 여인이겠지요.

그 누구도 부럽지 않은 만유원력과
신의 모든 것을 지닌 여인천하가 아니겠어요.
우리는 하나님의 사랑을 누리는
본연의 초점에 맞추어서
사진을 찰칵 찍은 주인공들이 아닙니까.
우리 부부가 사랑을 나눌 때
온 천지가 공유한다는 것은 확실합니다.
육신을 중심으로 한 사랑은
그 감동이 얼마나 기억나겠어요.
하지만 신과 신이 함께한 사랑은
역사를 두고 부끄러움 없이 자랑할 수 있다는 것,
그 자체만으로도
참신과 사랑은 떳떳하다는 것이지요.
부부의 사랑 이야기를
부끄러움 없이 글로 표현해서
정리할 수 있다는 것만으로도
본연의 사랑이라는 것이지요.

우리 부부는 영원한 시간을 두고서
그 사랑의 기쁨을 주고받으면서
사랑의 기를 나누면서
시간과 공간을 초월해있습니다.
얼마나 멋진 사랑 이야기입니까.
하여튼 사랑할 때의 황홀한 기분,
아플 것 같고 죽을 것 같은 순간에
용케 살아나서 흠뻑 느끼는 극도의 오르가슴.
나는 사랑하고 싶을 때가 그럴 때이거든요.
그 쾌감을 못 이겨서
나도 모르게 소변이 마려운데
오래 참으면서 몸서리치는
그런 기분이 그때 그 기분입니다.
그런 기분을 느낄 때마다
매번 느끼고 만끽하면서
나는 죽어도 좋을 경지의 사랑에 감사합니다.
죽어도 후회 없는 사랑도 해 보았어요.

끝없는 사랑의 미로는
강도가 깊으면 깊은 대로
약하면 부드러운 음률이 되어서
감미로운 사랑의 파도를 타고
나는 사랑의 바다에서 하염없이 출렁입니다.

사랑의 농도가 짙어질수록

사랑을 나눌 때 거꾸로 하던 체위
당신은 어떤 느낌이었을까?
희한한 자세였는데
잔잔하면서도 여유로웠거든요.
격동이 없는
편안한 사랑을 마음껏 즐겼어요.
당신의 생식기가
들어가고 나가는 것이 반대이면서
나는 앞으로 숙이는 자세에서
생식기가 꽉 차서
그 자세는 많은 힘을 가하지 않아도
조여들고 끼워주는 느낌이
한들거리는 사랑의 맛이었답니다.
신음 소리도 그리 과하지 않고
궁둥이를 만져주는데 어찌 그걸 싫다 하겠어요.

오일마사지를 하다가 어우러진

여유 있는 사랑이었잖아요.
오일마사지를 받고 사랑을 하면
그 맛은 죽여주거든요.
생식기에 윤활유가 묻어 있어서
그 감촉은 또 다르다오.
그놈의 죽창이
들어왔는지 나갔는지 모르게
오르가슴 또한 감격적이지요.

마사지를 받고 사랑을 할 때는
모든 문이 활짝 열린답니다.
온 전신이 흥분으로 가득 차서
숨이 거칠어지거든요.
그 순간 묵직한 것이
천천히 들어오다가 갑자기 강한 힘을 가하여
꽉 차게 깊숙이 들어올 때는
온몸의 문이 닫히면서

숨구멍을 갑자기 잃고
입으로 '푸!' 하고 토해내야지요.
갑자기 묵직한 것이 들어와서
모든 숨구멍을 막는데
입으로 그 열기를 토해낼 수밖에요.
그러면서
'아! 이제 또 긴 여행을 하는구나.' 하고
나도 만반의 준비를 하지요.
그리고 가고 싶었던 나라나
보고 싶었던 경치를 그리면서
나는 그곳을 한없이 여행하다 오는데
믿든지 말든지 진짜로 내 속사람은
그곳에서 그곳 경치를 구경하고 옵니다.
그렇게 난 두루두루 별난 세계를 체험하고 있어요.

사랑을 나눌 때
처음에는 두려움이 있었거든요.

그런데 그 사랑의 농도가 짙어지고 깊어질수록
여성으로서 원숙해지는 나 자신을 봅니다.
사랑행위를 통해서
한 여인의 인격이 무르익어가는 거예요.
언제 죽음을 체험해보겠어요.
바로 사랑행위를 통해서,
죽음조차 웃으면서 기쁘게 맞이할 인격을
사랑을 통해서 이룰 줄이야 누가 알았냐고요.
그래서 나는 세상사가
두렵지 않고 무섭지도 않고 욕심도 없답니다.

사랑하는 그대여

사랑하는 그대여!
솔바람이 불어서 당신 곁을 스치거든
사랑하는 연인의 숨결인 줄 아시고
그 바람을 시원하게 맞이해주셔요.

사랑하는 그대여!
그대 앞에 아리따운 여인이 서 있거든
그대의 연인이 그대가 그리워서
아리따움으로 다가섬을 알아주셔요.

사랑하는 그대여!
어떤 일을 하다가
가슴에 솟구치는 야릇한 기를 느끼시거든
그대를 잊지 못하는 그대 연인의 그리움인 줄 아셔요.

사랑의 기가 넘쳐서 보고 싶거든
사무치는 충동을 억제하지 말고
사랑의 기를 그대로 내게 보내주셔요.
그리하시면 그 기를 느끼며 더불어 사랑을 음미하렵니다.

염려하지 마셔요

사랑하는 그대
연인의 사모하는 심정을 잊지 말고
최선을 다해 승리해 주세요.
어디를 가나
그대는 칭찬을 듣고,
그대의 연인은 대신 탕감하면서
욕을 바가지로 먹고 있을 테니
너무 염려하지 마세요.

그대만 알아주는 여인이면 더 무엇을 원하리오.
세상 사람들이 알아주지 않아도
하나님과 그대는 영원한 동반자입니다.
그 힘으로 살고
그 재미로 살고 있어요.
부모 형제도 몰라주는 외로운 길이지만,
늘 꿋꿋이 살다 보면 좋은 날이 오겠지요.
그래서 더 그대의 품이 그립습니다.

무아지경

서울역에서 만나 오두막 같은 공간에서
나누는 사랑은 의미가 새로웠어요.
옆으로 누워서 하는 사랑행위는
지금 생각해도 기분이 묘하지요.
그 좁고 누추한 공간에서도
느낄 것은 모조리 느끼고 보니
그 공간을 탓하고 싶지 않았답니다.

그 짧은 시간에
나의 조가비를 애무하는데
무아지경으로 치닫는 환희 자체였어요.
한순간에 쾌감이 폭발하는 강한 오르가슴의 경지였지요.
정말 뿌듯했어요.

신기한 것은,
당신 모습이 이십 대 초반 모습으로 보이는
환상적인 영적 현상이 벌어졌어요.

젊고 멋진 이십 대 청년과 사랑을
나는 어떻게 할 수가 없어서….
지금까지는 중후하고 성숙한 남성 이미지였는데
그날 모습은 미소년의 형상,
지금도 포개고 싶고 껴안고 싶은 충동이 솟구칩니다.

아! 보고 싶고 그립고 껴안고 싶고
뒹굴면서 사랑을 진하게 하고 싶어요.

그리고 당신의 묵직한 생식기가
자꾸 몸속으로 파고들 때의 그 기분,
담벼락에 부딪쳐서 더 이상 갈 데가 없는데
자꾸 밀고 들어오는 엄청난 괴력을 느꼈어요.
그 힘은 사심이 없고,
정녕 사랑을 위해 사용할 때는
어마어마한 힘이 나타났어요.

4부

기쁨이 넘치나이다

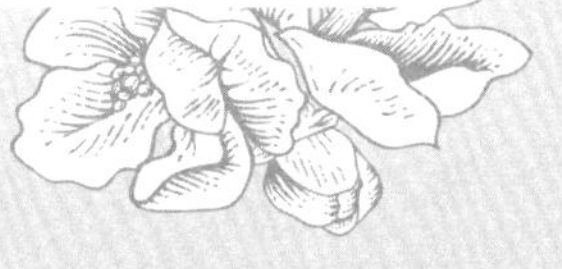

사랑은 지구력

사랑은 꾹 참고 기다리는 일이에요.
사랑은 그렇게 진득한 인내가 필요해요.
상대와 함께 보조를 맞추어 가야 하니까요.
사랑은 혼자 가는 길이 아니잖아요.

깊은 맛 우려내는 사랑은
장거리 마라톤처럼
지구력이 요구되는 것이에요.

얼마나 지루한 일이에요.
때로는 안타까울 수도 있어요.
때로는 짜증이 날 수도 있어요.

가치 있는 것치고
거저 되는 일 없듯이
사랑은 그 무엇보다
최고로 가치 있는 거라서
기다리는 것조차 끔찍한 즐거움이지요.

암사슴이 되어

보고 싶은 그대여.
언제 오시려나.
나 그대 기다리다 모가지가 긴 암사슴이 될 것 같아요.
나 그대 기다리다 향기 나는 암사슴이 될 것 같아요.
나 그대 기다리다 꺼이꺼이 울다 잠이 들면
누가 와서 나를 위로해 줄까요.
나 이렇게 그대를 사랑하고 그리워하는데
그대는 오늘도 일에 파묻혀 바쁘게 지내시는구려.

지독한 그리움

나는 콘크리트에 갇힌 한 마리 새가 되어
그리운 임 기다리는 서글픈 신세입니다.
그렇게 난 세월 속에서
그대를 지독히 그리워하고 있습니다.
그리고 당신을 위해 간절히 기도합니다.

하늘이시여!
그 사람 정녕 욕심이 없거든
영원한 참사랑과 더불어 지내도록 역사하소서.
하지만 포부가 있다면
여자 때문에 꿈을 포기하는 일이 없도록 하소서.
할 수만 있다면
짧은 인생 체험할 것 다 체험하고
깨우칠 것 다 깨우치고
지상에서 인격 완성하고 가게 하소서.

이 밤을 어찌하나

보고 싶었어요, 미치도록.
그리운 밤을 어찌해야 하나요.
수사슴의 짙은 향내를 실컷 맡고 싶은 밤이에요.
이럴 땐 진한 사랑을 나누고
잠자리에 들면 원이 없으련만.
같이 할 수 없는 공간 속에
사랑의 향기만 마음속 깊이 새겨두고
지낼 수밖에 없는 사랑의 인연.
얼마나 신기한 일인가?
남자가 그리워서 애타게 기다릴 수 있다는 것이.

아! 짙은 눈썹과 오뚝한 콧날과
꽉 다문 입술과 가끔씩 내뱉은 숨소리.
감질나게 확인시켜주는 당신의 신음 소리.
그 소리에 온통 흥분에 휩싸여
깊은 쾌락 속으로 들어가
최고의 오르가슴은 애무 속에서도 이루어지건만

그것이 모자라서인가.
마지막 깃발을 세우고
연달아서 환희에 젖어 몸부림치는 여체를
당신은 마음껏 노닐다
소리 없이 말없이 사랑의 기만 주고받는다면
깊은 밤에 당신은 어떻게 감당하려오.
나는 그저 육신의 곤고함을 핑계로
잠이나 잘까 하오.

당신의 소원을 이루소서

하나님!
당신의 소원 일체를
저희 부부를 통해서 이루소서.
당신은 소망의 한 날을 갖지 못해서
얼크러진 역사 속에
눈물과 한탄과 응어리진 가슴의 한을 아옵니다.
이 딸이 당신의 한을 아오니,
개인의 환경권을 넘지 못하고
슬픈 언덕을 보며 서러워도
꾹 참으시는 하나님의 심정을
터뜨리고 속울음 우는
이 딸의 여린 심정을 용서하소서.

하나님!
이 딸은 마음이 여리답니다.
당신에 의해 강해졌지만,
저의 삶을 지켜보시는 당신께서는

이 딸의 일거일동을 모르는 것 없이 다 아시오니
때로는 아무것도 모르는 세상 물정에 대해서
애타게 교육하신 하나님.

어찌하여 제일 낮은 곳에
저를 몰아넣으시고
제 입장을 곤란하게 하시나이까.
당신은 제 속을 다 읽는 분이며
제가 그런 마음 없이
그저 당신이 인연 맺어준 사람을
기다리는 일념으로 지내고 있건마는
어이해 별 이상한 체험까지 하게 하시나이까?
그렇다고 제가 체념해서 도망가리라고는 생각지 마소서.
저는 당신께 인내심을 배웠고
참는 것을 배웠고
침묵을 배웠고
시간이 지나면 해결해 주시는 은사를 배웠기에

그리 쉽게 도망은 가지 않을 것이오니
더는 저를 시험에 들지 않게 하소서.
육신의 고통은 아무것도 아닙니다.
까짓거 죽기야 하겠습니까?
어젯밤에는 죽음도 초연히 생각했습니다.
죽음, 저는 두렵지 않습니다.
저는 모든 것 앞에 초연할 수 있는
마음의 여유도 당신께 배웠습니다.
사는 동안
사방에서 엄습해오는 일련의 모든 시련을
지혜롭고 슬기롭게 이겨낼 용기와 담대함을 주소서.
늘 침묵과 말의 씨앗을 정의롭게 뿌릴 은사를 주소서.
때로는 상대를 부활시킬 말의 은사를 통해서
상처 주는 가슴 아픈 혀가 되는 일이 없도록 하소서.
마음가짐 또한 깊은 사랑의 통찰력을 통해서
생명력을 부어주는
심정세계를 이룬 자의 책임을 다하게 하소서.
나를 통해서 부활의 역사가

시간과 공간을 초월해서 일어나는 은사를 주소서.
누구를 만나든지 나를 만나면 변화하게 하소서.
사랑의 실체가 되도록
서로 사랑하도록
악인이나 선인이나 우리 부부와 대화하기만 해도
그 악의 기운들이 다 소멸되어서
자연적으로 우리를 닮아 선화되어서
사랑의 세계가 실체적으로 전개되게 하소서.
그 역사는 아주 가까운 이웃에서부터
종족으로 번식하게 하소서.
그 길 앞에 슬픔과 아픔이 도사리는
모든 영계권까지 해방하면서 번식하게 하소서.
이 길 앞에 방해자가 있거든
그들을 참사랑으로 용서하고 서로 위하여
저희 부부보다 더 큰 축복을 통해서
행복한 존재가 되는 길을 열어주소서.
늘 저희 부부보다 이웃에
참사랑의 기운이 먼저 깃들기를 원합니다.

저희가 기쁠 때 슬퍼하는 자가 있거든
그냥 지나치지 마시고
먼저 행복의 자리를 펴 주소서.
늘 저희 부부 이전에
타인의 행복을 먼저 축복하소서.
저희가 가는 길에는 분명히
영적인 방해자가 있다는 것을 알고 있습니다.
그들까지도 축복에 축복을 더하시고
그들의 소원 일체를 먼저 응답하셔서
우리 부부보다 더 큰 축복의 은사를 통해서
먼저 기쁨을 얻게 하시고
더불어 나누는 은사가 있게 하소서.

하나님!
오늘 밤도 이렇게 깊은 감사기도와
회개 기도를 통해서
부활시켜 주심에 감사드립니다.
서로 사랑하며 간다는 것,

인내와 위하는 심정이 없으면 안 되는 줄 알지만
그것을 실천할 원동력을 주소서.
사랑은 그저 주고 잊고
또 주고 잊어버릴 수밖에 없다는 것을 아옵니다.

며칠 전 당신께서
"참사랑은 말이야. 너도 알다시피 모래알 하나를 천년만년 바라봐도 싫증 나지 않는 것이 참사랑이야. 하물며 인간들이야 얼마나 귀한 존재인가. 한데 그 가치 기준을 모르고 천태만상의 형태로 프리섹스, 호모, 레즈비언 등. 그것을 확실히 밝히지 않고서는 천리의 대도 앞에 도리가 없어."라고 하시던 당신의 의도를 잘 알기에
다시 한 번 강하게 상기하면서
이 길을 갈 수 있도록
역사하시는 하나님 명심하겠나이다.

중심을 잃지 말라 하시지만
여자인지라 자꾸 흔들리는 것은

주인이 있으되 함께할 수 없는 연고로
갈대는 아니지만
깊은 산 속으로 들어가고 싶은 충동은
저 역시 어찌할 수 없나이다.
이 마음까지도 당신께서 제하소서.

하오나 높은 산의 가을 단풍은
왜 이리 어른거리는지요.
자연의 깊은 맛은
왜 이리 잊을 수 없는지요.
때에 따라 여행길을 열어주시던 하나님.
언제면 홀가분하게
산사의 깊은 물맛을 보게 하실는지요.
언제면 당신께서 자유를 주실까요.
평생을 안에서만 맴돌게 하시는지요.
하나님 부디 당신의 소원을 이루소서.
세 가지 행복을
저희 부부를 통해서 이루시고

최고 가치 기준의 걸작이
체험을 통해서 당신의 계획 일체를 이루소서.
하나님!
이 몸과 마음이 행여 누가 될까 봐
마음을 숨기고 졸이며 지냈나이다.
부디 이제 당신의 소원 이루시고,
참사랑의 이론
참생식기 이론으로 멋진 작품 세계를 이루소서.
제 마음이 이렇게 홀가분함은
당신 소원의 한 날을 속히 맞이함이니,
마음을 숨기고 살아간다는 것은
하늘을 모시고 가는 길에는
도움이 안 된다는 사실을 고백하오니
솔직할 수 있는 기회를 통해서
기도로 모든 마음의 짐을 덜 수 있도록
허락하심을 감사합니다.
사랑하는 아들에게는 간접적으로 알렸지만
당신께서 마음의 짐을 내려주심을 감사드립니다.

깊어가는 가을날이
쓸쓸하지 않도록
건강 축복을 열어주소서.
무척 힘든 일과를
기쁘게 소화할 기쁨의 소원을 열어주소서.
당신만을 영원히 사랑하게 하소서.
당신만을 영원히 모시게 하소서.
당신 닮은 모습으로 심정 일체를 이루어
어디서나 빛이 되어
당신의 영광을 드러내게 하소서.
당신께서 사랑하는 아들 또한
저와 더불어 같은 기도권에 늘 머물게 하소서.
저와 늘 하나 되어 가는데
서로 변함없는 사랑을 중시하면서
하늘의 모든 상속권을 이어받을 수 있는 은사를 주소서.
떨어져 있더라도
영원·불변·유일·참사랑의 실체로서
모든 책임을 다하게 하소서.
하나님께 감사드리며 모든 영광을 돌려드립니다.

임이여 오소서

임이여 어서 오소서.
나의 은밀한 솔밭에서 노닐고 싶지 않으세요.
임이여 어서 오소서.
나의 속삭이는 숲 그늘에서
오수를 즐기고 싶지 않으세요.
임이여 오소서.
나의 풍성한 시냇가에서
발을 담그고 노을을 즐기고 싶지 않으세요.
임이여 오소서.
나의 향긋한 향내 나는 딸기 향을
맛보고 싶지 않으세요.
임이여 오소서.
나의 하느작거리는 호수에서
배를 타고 한가로이 노닐고 싶지 않으세요.
임이여 오소서.
나의 속삭이는 부드러운 음률을 듣고 싶지 않으세요.
임이여 오소서.

어서 오소서.
지체 말고 오소서.

그대의 목소리
그대의 웃음소리가 귓전에 맴돌기에
더는 참지 못하는 암사슴은
몸부림을 치다 지쳐서 쓰러질까 하오니
임이여 어서 오소서.

멋진 승마복을 입고
말을 타고서
드넓은 초원 위로
석양이 물든 저녁을
끝없이 달리고 싶은
이 마음을 아시는 임이여.
조롱하지 마시고 어서 속히 오소서.
터질 듯 부푼 나의 여체를 그만 농락하시고

어서 들어와

나를 저 광활한 천국으로 한없는 여행을 시켜주소서.

사랑의 힘

푸른 풀밭에 누워서 쉴 때
그대의 풀밭은 아늑하였고
한적한 오솔길을 산책할 때
그대의 숲은 평화로웠소.
깊은 골짜기를 헤맬 때에는
그대의 친절한 인도로
널따란 사랑의 세계로 안내되었다오.
내가 몸부림을 치면 더욱더
그것을 즐기던 그대의 거침도 보았소.
몸부림 속에 멈추기를 애원했지만
당신은 가속으로 내리막길을
최고로 만끽하려는 그대의 몸부림도 보았소.
어느 한 장면 어느 한 움직임이
싫증 나지 않는 놀이기구처럼
여인이 원하는 모든 것을 읽고
자유자재로 황홀의 경지를
마음껏 활보하도록 허락하는 그대.

참사랑의 경지는 환상적이었습니다.
때마다 새롭게 창조하는
그대의 몸짓은 어디가 끝이런가.
창조의 역사는
남녀의 합궁에서도 가능하단 말인가.
참사랑을 받은 여인이
어느 환경권에서도 당당한 것은
바로 사랑의 힘 덕이라오.
그것은 죽어도 여한이 없도록
참사랑의 실체를 통해 두려움도 없애는 사랑입니다.

어느 부부가 이런 사랑의 힘을 통해서
세상 살아가는 힘을 얻으리오.

전봇대의 힘

어느 날 나무꾼을 만났어요.
소박하고 털털한 사내
고운 빛이 떠도는 것도 아닌데
어리석은 것 같은데
잘 다듬으면
최고의 이상을 지니고 빛을 발할 수 있는 남자
어리석을 것 같은데 성숙의 도를 지닌 남자
쉬울 것 같은데 도도하고 어려운 남자
아무렇게나 생각할 수 없는
철저하면서도 뜻밖에 편안한 남자
사랑이 없을 것 같은데
뜨거운 시선을 주는 남자
너무 쉬워서 아무렇지 않을 것으로 생각하지 못하는 남자
그렇게 다방면을 갖춘
남자와 잠자리는 황홀경이었더라.
무너지는 여체의 비명을 들으면서
최고의 기쁨을 만끽했을

그대의 마음을 그리면서
다음에는 절대로 비명을 지르지 않으리라 다짐하건만,
들어서는 전봇대의 힘 앞에는 여인천하가 어디 있을까.
그대 밑에서 울부짖는 암사슴일 뿐.

전봇대!
묵직하고 긴 것이
여체 속으로 들어오면 숨을 깊이 내뿜음과 동시에
뻗쳐 들어오는 그 힘을 받아서
온몸에 소화시킬 여유도 없이
몰아닥치는 거센 힘은
어느 사이에 온 전신을 자유롭게 만끽하는
그대 남성 앞에 항복이라는 비명을 지를 수밖에 없는
나약한 모습을 보이고 말았습니다.

전봇대 같은 힘은
나의 질을 여유 있게 거쳐서
자궁이라는 환상의 세계를 마음껏 만끽하고
허락도 없이 치솟는 힘이
오장육부를 거쳐서,
미안하지도 않게 심장을 관통하고
펄펄 끓어오르는 열을 식히기도 전에
식도를 관통하여 얼굴의 중심부를 노닐다가
자율신경을 여지없이 유린해 놓고도,
가미한 그 힘은 여체를
무아지경이 아닌 황홀지경이 아닌
무위자연의 세계 미로에서 헤매게 했어요.

죽을 것 같은 순간 모든 것을
그 전봇대의 힘에 반항 없이 맡길 때
그 편안함
그 아늑함
그 평화로움.

그렇게 잊을 수 없는 사랑의 힘을 절절히 느꼈었어요.

기쁨이 넘치나이다

남녀의 생식기를 통해서
성숙하는 것을 실체로 보는 중이지만
이렇게 어려울 때
전화 음성을 통해서
그 온기가 기쁨으로 승화될 수 있다는 것은
이제는 당신이라는 생명나무가
실체 생명의 기를
상대에게 자유자재로 나눠줘서
아름다움의 극치를 나타낼
완성한 본연의 주관주가 되고 있다는
사실 앞에 기쁨이 넘치나이다.

어서 오소서.
그대의 깊은 향기가 묻어나는
아늑한 오솔길이 그립습니다.
아! 어서 오소서.
그대의 아름다운 오솔길은

세속의 때가 묻지 않은 진솔한 오솔길입니다.
향긋한 냄새를 한없이 풍기면서
미로의 길도
그 향내를 맡으면서 찾을 수 있는 오솔길을
다시 노닐고 싶습니다.
어서 오소서.
그대의 아늑하고 늘 푸른 초원에 누워서
청명한 하늘을 바라보고 싶습니다.
그대의 수정 빛을 영원히 보고 싶습니다.
그대의 영롱한 보석 같은 수정의 호숫가에서
영원히 꺼지지 않는 생명력을 받고 싶습니다.
무수히 쏟아지는 별빛처럼
그대의 눈빛 속에 품겨 안길 때의
그 애틋한 사랑을 잊을 수 없습니다.
보고 또 바라봐도 싫지 않은
그대의 영안이 영혼의 빛을 발산하는 까닭은
바로 하나님께서 당신의 체를 덧입었기 때문입니다.
깜짝 놀랐어요.

그래서 당신 앞에서는 은연중에
모든 것이 순화되어 가고 있다는 사실입니다.
영원하신 그대여.
나는 불변의 심정 속에 키워온 믿음이 있다오.
절대 믿음으로 키워온 사랑의 존재를
실체로 만나서 키워가기란
얼마나 마음의 고통이 있었는지 아시나요.
이제는 믿음의 반석을 다진 느낌입니다.
그 단단한 터 위에 집을 짓기 시작했어요.
반석 위에 집을 지으면
폭풍우 거센 비바람이 몰아쳐도 까딱하지 않아요.
아! 기대되어라, 우리의 작품.

하늘 앞에 늘 기도합니다.
당신이 체험하고 발표한 무수한 말씀 가운데
실제로 엮어나갈
인류를 위한 말씀을
실체로 경험한 말씀의 대작이 나오도록 협력해 주세요.

참사랑의 생식기론, 사랑론, 부부론 등을
실체로 체험하는 부부에게 아낌없이 쏟아내 주세요.
최고의 걸작이 나오도록
최고 사랑의 경험을 통해서
승리의 말씀이 나오게 하소서.
영원·불변·유일 속에서 꽃 피울 사랑행위가
본연의 아픈 상처를 안고
고통의 세월을
한으로 찾아오신
하나님의 소원을 해원하도록 역사하여 주소서.
저희가 뜻을 이루어서
인류가 변화되는 것을 볼 때까지 지켜주소서.
사랑하고 싶어도
사랑할 수 없었던 서러움을
저희를 통하여 해원하시고,
그 말씀을 느끼고
실체화해 엮어낼 수 있는 능력을 주소서.

뼛골에 박히는 사랑

기쁘고 한없는 은사가
온몸을 감싸는 느낌으로 쉬고 있어요.
오랜만에 마음의 여유를 느끼는 시간을
감사함으로 보내고 있습니다.
여유 있는 시간 속에
실컷 당신의 환상적인 몸놀림을 즐기면서
기다림을 느껴볼래요.
함께할 그 날을 기다리면서,
만지고 싶을 때
보고 싶을 때
껴안고 싶을 때
얼마든지 함께하고 싶을 때
가까운 시간과 공간 속에 머물
하늘 아래를 기리며 지낼 때에는
그 나름의 행복이 있기에
미어지는 그리움도 기다림도 느끼면서
숨을 쉬며 사는 것도 행복입니다.

그 사랑이 깊어가면 갈수록
나의 뼛골과 골육 속에
당신의 모든 것이 박힌다는 것에
놀라움을 금치 못한다는 것을 아시나요.
깊이깊이 박히는
당신을 향한 나의 그리움은
갈수록 높고 깊어간다는 것을 믿어주세요.
사랑이 깊어가고 있음을 알아주세요.
편안한 쉼터가 되고
오수를 즐기고 싶을 때는
언제든지 찾아와서 쉬셔요.

마음의 여유가 있으니
하고 싶은 이야기가 줄줄 엮어집니다.
당신을 사랑해서 시인이 다 되었나 봐요.
사랑하는 그대의 목소리에
기운이 뻗쳐서 말이 쏟아지네요.

그대의 수정 빛을 생각하니
다시 한 번 그리움이 심장을 통해서 밀려오네요.
심장의 두근거림은
거친 파도를 타는 느낌입니다.
그 기분을 안고 오늘도 지내렵니다.

오묘한 진리

피아노의 감미로움에서
꽃이 곱게 핀 숲길을 연상하는
시원한 숲길이 펼쳐졌어요.
그 숲 속에는 신선한 공기가 충만했어요.
깨끗한 산소가 나의 깊은 폐부를 통해
목마르게 기다리던 심장의 열기를
식혀주는 신선한 바람이
차츰차츰 전신을 감싸고 휘돌아
온몸이 붕 떠서 우주 공간에 뱅뱅 도는
한 조각의 몸체를
어디에 부딪쳐도 아프지 않은 사랑의 체험은
이루 말할 수 없는 기쁨이었습니다.
표현할 수 없는 사랑의 희열,
붕붕 떠돌면서 느끼는 상상 속에
쾌감은 이루 말할 수 없는 기쁨이었답니다.

당신의 힘은 여느 때보다 강렬하고 대단했습니다.

들어오는 힘을 다 감당하지 못한 나,
체력이 파괴되어 나가는 기분도 느꼈지만,
만약에 나도 그 힘을 다 맞아들였다면
엄청난 만유원력을 체험하지 않았을까 하는
아쉬움이 남아있어요.
만약 플러스, 마이너스가
우주 본체의 힘까지 받으면서 사랑했다면
침대가 들썩거리고 삐걱거리는
괴이한 현상을 보지 않았을까 하는
진한 아쉬움이 남아있습니다.
다시 그런 날을 고대해 봅니다.

지금까지는 사랑이 성장하는 중이었나 봅니다.
내가 힘을 주고 당신의 힘을 받으면서
엄청난 힘을 느낀 것은 오랜만이었습니다.
이제까지는 시상에 젖어서
감성적이고 음률적이고

여성적인 매력이 넘치는 사랑행위였다면,
이번에는 남성적인 힘이
본체의 힘까지 플러스한 힘이었습니다.
부드러운 여성적인 힘에서
아주 강한 남성적인 힘.
거칠기가 이루 말할 수 없는 센 힘.
기마 자세에서 느꼈던 새로운 힘은
밑에서 솟구치는 힘을 주체할 수 없어서
곤두박질치는 힘이었어요.
더 버티다가는 쓰러져서 못 일어날 것 같은 힘이었어요.
위에서 내리꽂는 힘은
어떻게 제어하려고 몸부림이나 쳐보지요.
밑에서 솟아오르는 힘은
앉은 자세에서 몸부림을 쳐도
그 자세에서 이탈할 수 없으니
내가 두 손을 들었습니다.
또다시 그렇게 해줄 수 있을까요?

기마 자세에서 당신이 다리에 힘을 주면
생식기에 힘이 가해져서
나는 몸부림을 치다 내려오는 것을 알았어요.
그 힘은 지금껏 느끼지 못한 새로운 힘이었지요.
오장육부를 건드리는 아픔은
기쁨, 쾌락, 즐거움으로 승화되면서
환희의 노래로 호환되기에
비명과 함께 울리는 황홀의 경지랍니다.
다시 그 자세로
당신의 강한 남성적인 힘을 받아서
최고로 황홀한 경지를 헤매고 싶습니다.
놀고, 먹고, 자는 것보다 더 즐거운 것이 있다면
남녀의 교접이라는 것을 진짜로 느꼈습니다.

사랑하면서 사랑의 기를 받는데
기쁨으로 충만하니 화낼 일이 없더라고요.
그것이 점점 사랑의 마음으로

이웃에게 친절이 가고 평화가 가는 거예요.
사랑을 많이 받으면
얼굴도 마음도 점점 고와진다는
오묘한 진리를 알게 되었습니다.

여자가 먼저 타락해서 모든 것을 망쳐놨으니
여자가 남자를 완성시키기 위해
팔 단계 노정을 걸으라는
하늘의 말씀을 이제야 깨닫고 있습니다.
팔 단계를 완성해서
참된 생명나무로 실체화시켜라.
자신이 없었지요.
이번에 당신의 몸매를 보면서
이제는 가히
이루 말할 수 없는 힘으로 다가올 때
감당하지 못하면 어찌하나 하는 근심 속에서,
이렇게 서로 사명을 다해 가는구나!

앞으로 사랑은 더욱더 깊어만 가겠구나.
천지 운세를 쥐고 세상을 흔들어댄다면
가히 멋진 작품이 되겠구나, 하면서
감동하고 감탄했습니다.

나는 당신을 만나서 여자 중의 여자가 되었고
당신은 남자 중의 남자가 되었다는 사실을
하나님께 깊이 감사의 기도를 올리겠습니다.

보고 싶은 그대여

그대의 꼭 감은 눈을 바라보면
나의 혀로 그 눈을 뜨게 하고 싶어서
몸부림을 친 적이 있었다오.
그때의 당신 또한 몸부림의 역사는
혀끝으로 내뱉은 '헉!' 하는 탄식 소리 뿐.
그대의 나를 매료시키는 감성의 목소리를
애타게 기다립니다.
언제 올 거예요, 내 사랑.
옆에 있다면 한바탕 파도타기를 해볼 텐데.
어떻게 할 거예요.
그리움만 가슴 가득히 안겨놓고,
어서 속히 오세요.
내 사랑하는 임이여.

그대 품이 그리워

사랑을 나누면서
나는 누워있고,
당신은 무릎을 반쯤 세우고 하는 체위였는데,
생식기가 나의 배를
정면으로 들이밀 때의 그 힘은
지금까지 느끼지 못한 강한 힘이었어요.
지금도 얼얼한 느낌입니다.
오죽했으면 '전봇대의 힘'이라고 했을까요.
생식기가 치고 들어오는 힘이
단단할 뿐 아니라 기가 꺾일 줄 모르고
끊임없이 쑤시고 들어오는 강한 기는
어디서 온 것일까요.
지금까지는 사랑의 기를 통해서 사랑했다면,
이번에는 생식기 끝에서 생성되는 전율,
그 남성에서 곧바로 쾌감을 느낀다는 것이 놀라웠어요.
그 힘이 얼마나 강렬하던지
허리, 뼛골을 쑤셔대는 것 같아서

나중에는 꼼짝할 수가 없었어요.
그 힘에 가속이 붙어서 밀어닥칠 때는
사랑의 기가 쭈뼛쭈뼛 머릿골을 스쳐 지나갔어요.
생식기의 힘을 직통으로 체험했어요.
차고 단단한 느낌,
크고 탄탄해서 부러질 것 같지 않은 느낌,
길게 쭉 뻗은 생식기는 박달나무처럼,
전봇대처럼, 아! 그리워라.

그대 품에서
다시 한 번 마음껏 노닐면서 안기어 뒹군다면
세상 시름 다 잊을 수 있을 것 같습니다.
아! 그 널따란 가슴에 안겨서
천년만년 노닐며 만지고 애무하고 싶어라.
언제면 이 그리움을 모두 묻어놓고
그대 품에서 안식할 수 있을까요.
보고 싶은 그대여, 언제 오시려나.

이제는 그대를
한시도 잊고는 지낼 수가 없어요.
내 뼛골에 당신의 사랑이 박혀서.
어찌하나 이 노릇을.

내 임이여

내 사랑 어화둥둥 내 임이여.
그대의 중후한 매력이 넘치는 모습을
바라고 사는 것이
유일한 나의 즐거움이라는 것을 아신다면
당신의 섬세한 입술의 기를 좀 보내주시구려.
밤마다 당신의 사랑과 기를 먹고 지내다 보면
예술적으로 고귀한 육신을 지닌 미인이 될까 하나이다.
그런 본연의 미를 간직해 두었다가
사랑하는 나의 임
본연의 내 임이 오시면
부끄러움 없이 자태를 보여드릴까 하오니,
그대의 열정적인
참사랑의 근원 되시는 본연의 힘,
본체 사랑의 기를 마음껏 보내주소서.
한 줌의 기마저 흘리지 않고
모두 온몸에 저장했다가
매력적인 내 임이 오시면

그 열정적인 사랑의 힘을
발산하기에 부족함이 없겠나이다.

사랑하는 내 임이여.
그대의 수정처럼 빛나던
눈동자를 잊을 수 없어서 더욱더 그리움이
온 전신과 머릿결까지 움찔거리나이다.
그대의 아름답게 빛나던 그 눈동자를 발견한 그 날 밤,
나는 감히 눈을 바라보기가 너무도 부끄러웠나이다.
이럴 수가, 이럴 수가!
천상에나 있음직한
수정 같은 눈빛을 당신이 갖고 있을 줄이야.
부끄러워라. 부끄러워라.
천상세계 체험을 운운하면서도
아직까지 나도 가질 수 없었던
맑은 눈동자를 소유하고 있다는 사실 앞에,
이제는 모든 것에 순응하듯

이 사람은 영원한 나의 주인이로구나, 하고
마음속 깊이 간직하는
역사가 일어났다는 사실을 고백합니다.
그대의 눈빛이 하도 강렬해서
그 눈길을 피하려 할 때
나의 팔을 꼭 붙잡아 주시던 당신.

영원하신 내 사랑, 내 임이시여.
이제는 나를 두고 어디든 가지 마셔요.
당신을 찾아서 억겁의 세월을 찾아오신
사랑의 대왕마마가 계시오니,
그분이 당신을 찾기에 몸부림을 치셨다니,
여보야, 여보야.
절대·유일·영원·불변·참사랑의 심정을 갖고
부디 그분의 소망 일체를 이루어 드리기를 기원하나이다.
사랑의 근본원리를 찾아서
사랑의 근본원리를 찾아서

그대의 모든 소망에 하늘이 함께하실 것입니다.
사용하는 만물을 놓고 염려 마소서.
육신의 소망을 놓고 염려하면
당신의 고귀함이 사라질까 하오.

사랑하는 그대여.
보고 싶고 껴안고 싶고
사랑의 향연을 마음껏 즐기고 싶은
이 여인은 부질없는 밤을 보내야 합니다.
보고 싶을 때는 당신의 인자한 모습을 그리면서….
아! 보고 싶어라. 보고 싶어라.
그대 품에 안기어 어리광이라도 실컷 부린다면,
하나님처럼 할아버지처럼 남편처럼 애인처럼
오빠처럼 동생처럼 아들처럼
그런 어리광을 모두 받아줄 역량을 가졌다는 사실 앞에
아주 깊게 매료되었음을 보고합니다.

딱딱하고 이론적이라
모든 사고력이 절제될 것 같지만
깊이 사귀어 보니
매력이 넘치는 풍부한 사랑이라는 것을 알았습니다.
때로는 다감하게
때로는 다정하게
때로는 부드럽게
때로는 따스하게
때로는 유머로서
때로는 무섭게
때로는 매정하게
때로는 화나게
입체적인 풍류의 멋을 지닌 남자의 매력을 보았다오.

거마의 힘을 창조한다는 것은
아마도 그 가슴속에
그런 기질을 갖추고 있지 않았나 싶습니다.

그래서 내가 빠지지 않았나요.
푹 빠졌는데 이거 어떻게 하지요.
무진무궁 사랑할 수밖에.

기쁜 비밀

부부사랑 시집

펴 낸 날 2019년 1월 2일

지 은 이 윤송석
펴 낸 이 최지숙
편집주간 이기성
편집팀장 이윤숙
기획편집 정은지, 최유윤, 이민선
표지디자인 이윤숙, 정은지
책임마케팅 임용섭. 강보현
펴 낸 곳 도서출판 생각나눔
출판등록 제 2008-000008호
주 소 서울 마포구 동교로 18길 41, 한경빌딩 2층
전 화 02-325-5100
팩 스 02-325-5101
홈페이지 www.생각나눔.kr
이 메 일 bookmain@think-book.com

• 책값은 표지 뒷면에 표기되어 있습니다.
ISBN 978-89-6489-936-6 (03810)

• 이 도서의 국립중앙도서관 출판 시 도서목록(CIP)은 서지정보유통지원시스템 홈페이지(http://seoji.nl.go.kr)와 국가자료공동목록시스템(http://www.nl.go.kr/kolisnet)에서 이용하실 수 있습니다(CIP제어번호: CIP2018041510).